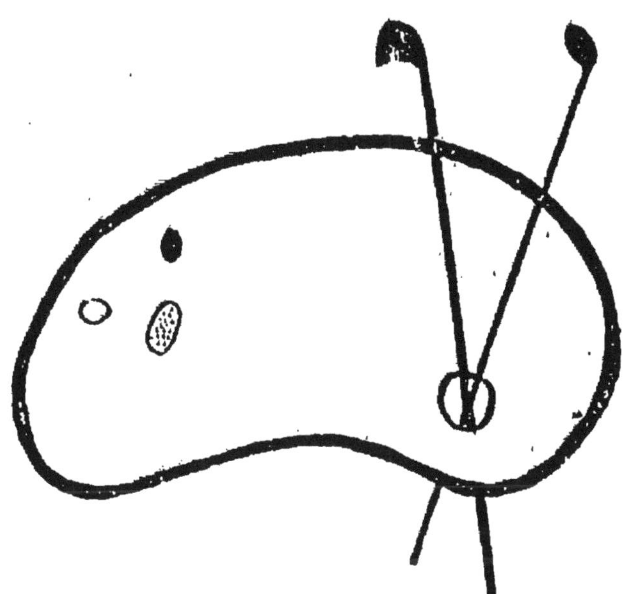

DEBUT D'UNE SERIE DE DOCUMENTS
EN COULEUR

CATALOGUE

DE

25 TABLEAUX

PEINTS PAR

M. PHILIPPE ROUSSEAU

VENTE.

Le 22 Février 1858, à 3 heures 1/2 précises.

Me CHARLES PILLET, Commissaire-Priseur

M. FEBVRE, Expert

RENOU ET MAULDE
Imp. de la Compie des Commres-Priseurs
rue de Rivoli, 144.

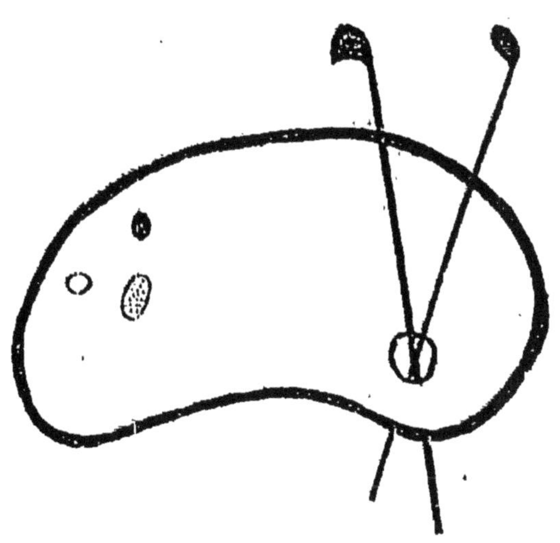

FIN D'UNE SERIE DE DOCUMENTS
EN COULEUR

CATALOGUE

DE

25 TABLEAUX

PEINTS PAR

M. PHILIPPE ROUSSEAU

DONT LA VENTE AURA LIEU

HOTEL DES COMMISSAIRES PRISEURS

RUE DROUOT, N° 5,

GRANDE SALLE N 5

le Lundi 22 Fevrier 1858, à 3 heures 1/2 précises

Par le ministère de Me **CHARLES PILLET**, Commissaire-Priseur.
Successeur de M. BONNEFONS DE LAVIALLE.
rue de Choiseul, 11,

Assisté de M. **FEBVRE**, Expert, rue de Choiseul, 13

Chez lequel se distribue le Catalogue

EXPOSITION PUBLIQUE

Le Dimanche 21 Février 1858, de midi à cinq heures

Et le jour de la vente de midi à trois heures.

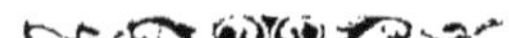

PARIS

RENOU & MAULDE

IMPRIMEURS DE LA COMPAGNIE DES COMMISSAIRES-PRISEURS,
rue de Rivoli, 144.

1858

CONDITIONS DE LA VENTE.

Elle sera faite au comptant.

Les acquéreurs payeront, en sus des adjudications, cinq centimes par franc applicables aux frais de vente.

DÉSIGNATION

DES

TABLEAUX

N° 1

Bill, ratier.

N° 2

Chasse au marais.

N° 3

Les Grenouilles qui demandent un roi.

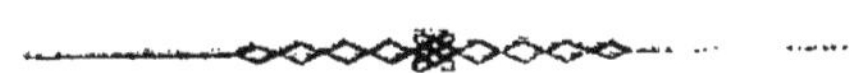

N° 4

Rose et papillons.

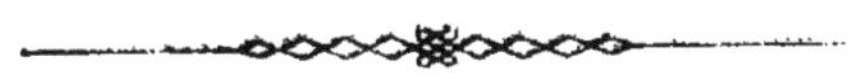

N° 5

Fleurs et oiseaux.

N° 6

Chien gardant du gibier.

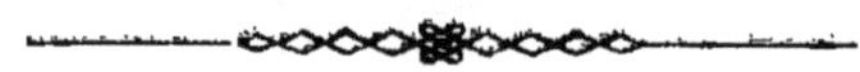

N° 7

Intérieur pris à Roscoff (Finistère).

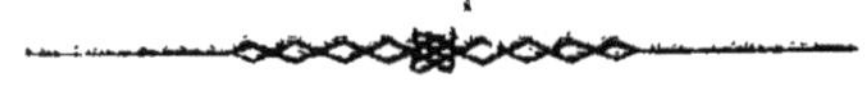

N° 8

Fleurs.

N° 9

Abricots.

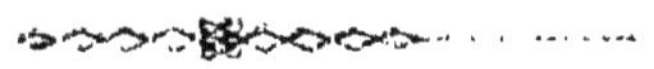

N° 10

Pêches.

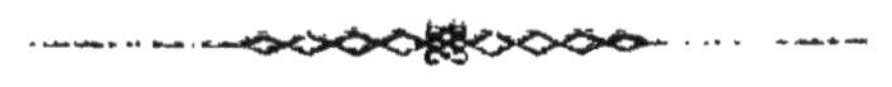

N° 11

Chien criant au perdu

N° 12

Printemps.

N° 13

Automne.

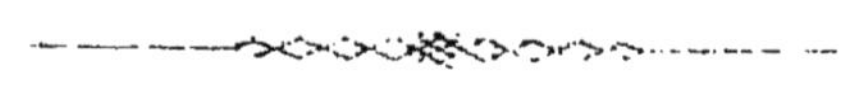

N° 14

Fleurs.

N° 15

Moisson.

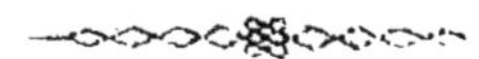

N° 16

Le Lièvre et la Tortue.

N° 17

Le Lapin et la Sarcelle.

N° 18

Les deux Amis.

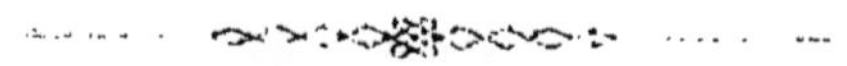

N° 19

Intérieur pris à Vitré (*figures par* Eugène Isabey).

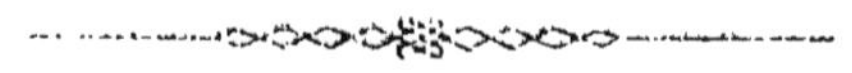

N° 20

Basse-cour à Roscoff (Finistère).

N° 21

Intérieur à Quimper.

N° 22

Glorieux (*de l'équipage de M. le comte* du Manoir).

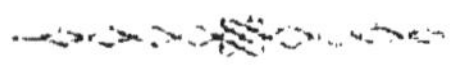

N° 23

Pharamond. *Dito.*

N° 24

La Mère et son Petit.

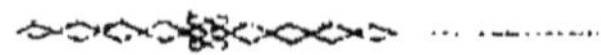

N° 25

L'Averse.

RENOU et MAULDE, Imprimeurs de la Compagnie des Commissaires-Priseurs,
rue de Rivoli, 144. 8181

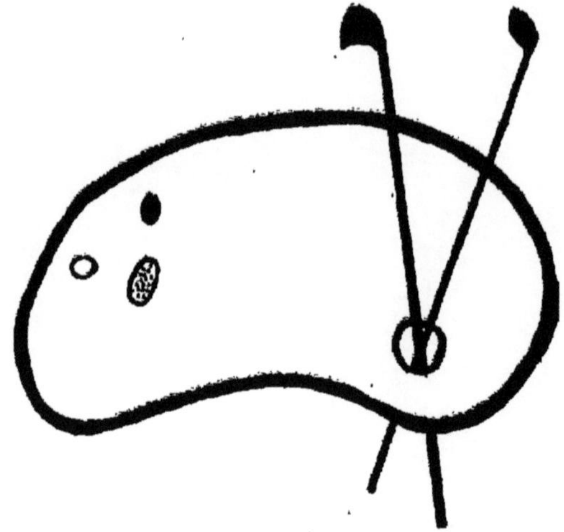

www.ingramcontent.com/pod-product-compliance
Ingram Content Group UK Ltd.
Pitfield, Milton Keynes, MK11 3LW, UK
UKHW020413250726
13967UKWH00006B/2620